Tania Viit

ILDKORN

Spor af ord

Som blades aftryk, når de hvirvles op, flagrer ud og forvandler
sig som noget ganske spinkelt, sart og nærmest sommerfugle-agtigt,
til de sætter sig som ord på mit papir – sådan forsøger jeg at
fastholde de ord, tanker – eller indtryk, der kommer...

Som ord, duft eller lyde – spor i min erindring...

Tania Viit

Tania Viit

ILDKORN

Fra stort til småt
77 haiku digte

Ildkorn – "fra stort til småt"
77 haiku digte
© Tania Viit 2014
1. udgave, 1. oplag
Omslag og illustration: Henrik Øvad
Layout: Nils Henrik Pedersen
Bogen er trykt af BoD
Printed in Germany 2014

Koboltblå himmel
den hvide klint falder ud
i istropisk hav

Otte & halvtreds
de går samtidigt sammen
to i én af to

Solen skyder hul
i himlens hvide papir
lyd eksploderer

Stjernebestrøet
himlens gnist smelter blødt mod
hjertets karamel

Fra skovens udkant
en ræv foret af tiden
mader sin mage

Tvilling i månen
et æg i den andens
boblerne brister

Knopperne lurer
sennepsmarker står i brand
snerler og solfang

Balsko i haven
strør lommernes knuste bær
solens børn leger

Stemmer fra UNI
majestætiske træer
runger i modlys

Én armet buddha
polyrytmiske slag ser
mod Nirvanas port

Katten i maven
rødøjet stirrer den ud
af navlens trekant

Legegaden sner
dampende frostmunde mod
det faldende hegn

Smadrede huse
blomstrende kvince i sten
gader ligger hen

Dagen der siler
træer holder bladene
ind til sig selv

Kom sol. Gå væk –
smerte. Kom fugl. Vis mig din
hemmelighed

Jeg må fødes ung
overhale døden for
at gå med livet

En svirpladt vindhex
lokker markens neg & bog
mod smeltende år

En ø uden nat
varmt og diset sand tegner
manna om din mund

Så kom du. Min ven.
Kast dig ud i mit vandfald
Kom, min Tsunami

Bopladsen er tom
tabte vogne gynger væk
arier på søen

Vi mødes på et
natuglestrejftog finder
hareblikket frem

Fluer i min kop
drømmer mig tilbage til
da birken var grøn

Snehvide vågner
et blankt hjerte forsølver
rosen i spejlet

I kulsort kul sig
lukker elverpigens hul
natsyl vind og tråd

Dagen på højkant
træer skruer op græsset
gror skyer vælter

Næsten uhørligt
en fuglekongerede
vugger i vinden

Nyfalden falden
sne. Aske under huden
børn lukkes ind –

Ridser og regner
flyvske spor af et isbjerg
i rudernes fag

Morgenens æg –
knuser himlens rå akkord
sanser et spil

En sanger åbner
sit vindue huse flytter
mine drømme

Sekunders dis –
vi går en tur på jorden
farverne falder

Isen knejser sprødt
sne i forfløjne gader
hankeløs en mand

Øjne tager bad
våde salamanderbørn
gnider ryg ved ryg

Tankefuld alene
vejret går amok idag
øer svømmer væk

Ansigtet koger
skyder hul i dagens blomst
stabler af opvask

Dagen går. Dage
sover som frø i jorden
år mod markers siv

Bag de blå huse
ramler kæmpestjernen ned
i urfugle-leg

Kæmpe natsværmer
barkens ru glimt af barndom
hænger her endnu

Lydefri din hud
natmåner af gul lava
jager himlens spyd

Fjern og forviltret
på tabte alleer. Stum
flænser jeg dagen

Små græsstrå af bøn
føler mig på tænderne
sølvharens hjerte

Blade vender sig
100 mosquitobid
sky en okapi

Undfangne bier
danser mod døden
surrende besat

Haven sen. Sorte
bær cirkler travl nedfaldsfrugt
blodrøde øer

Din tatoo funkler
solens korstog på min arm
mit smykkeste skrin

Appelsin-toget
gemmer en hemmelig last
lyn skinner på sne

Mine øjne vil
ikke lystre flakker om
på tabte stepper

Fuglesværmen står
højt på himlen. Følger
ulige vinde

Feber på turen
pludselig cikaderegn
rejser mit syn –

Lyden af bladhang
gaderne farves purpur
røde tårers regn

Glemmer at huske
ser kun knoglerne spredt på
stranden mens vi går

Vandige fingre
på trappen under mørket
er gået igen

De to på bænken
han ler. Nu griner de
rejser sig. Hun går

Tavse dyr brøler
cirkler af tegn fra oven
frosne gevirer

Luften fyldes af
100 plirrende fjer
søens fisk gisper

Stænk af søens sølv
rummets feromon ilter
åkandens blade

Kinesiske skrifttegn

sirligt blomstrer hendes hånd

breve fra månen

Urfuglens kalden

skærer som metal og fjer

føl kapsles i lyn

Stemmer af papir
en spurv tager bo i mig
fugle om hjertet

Ser din nøgne ryg
elfenbenshvid som månen
buet af uskyld

Hvis jeg er himlen
så er du en kikkert min
dråbende seer

Det piber hvisker
hiver og stønner suser
i sivmånens nat

3 øjne slår smut
7 små glinsende sølvsprøjt
laksen springer

Natskoven drømmer
nøgne pigers barfodsdans
på sølvtrådet sti

Han ser mod Tibet
kalligrafi i vinden
tangaer flyver

Blanke flags blafren
fjers sort hvide tern funkler
på himlens damask

Nympher på sneen
svæver opad i smal sol
isspir og glasspind

Orange syrén
sanser kun liderlige
myg i skovens kant

Tandløs blå himmel
tiggerens vidtåbne mund
gaber i ruden

Hestene hvisker
telepatisk i græsset
dagglimt af okker

Fire ben nede
to i luften cembalo
møder min opgang

Mosbunden synker
nåle og gran høres igen
stum en orkidé

Lave markers sol
midt på pladsen gror farmors
det blommende træ

Her sidder vi med
hjertet gemt i hænderne
oaser af ord

Åndløst stjæler jeg
New Zealands stjerne sort
din vandrende pupil

Ét tusindårskim
vandrer i mørket ser kun
ildkorn i vinden

Vender siderne
i din bog pludselig duft
af efterår

Om haiku

Digtsamlingen, "Ildkorn" – fra stort til småt (77 Haikudigte), består af en samling "moderne stemningsdigte". Samtidig er det en række hverdagsbetragtninger, der kredser om "nuet" i og omkring os.

Bag ethvert haiku ligger der en sansning, en idé...
At dykke ned i en sætning, og nå frem til dybden i et udsagn, i en sansning, i verseformen, indeholder stor visdom.

..."Man kan sammenligne haiku digtning med, hvis man fanger en flue i en papirspose med luft i. Fluen vil ud i lyset. Holder du posen op til øret, vil du kunne høre og mærke fluens summen mod det knitrende papir for en stund, indtil du lukker fluen ud i friheden igen. Imens du lytter til fluens rumsteren i papirsposen, vil dine sanser skærpes – hvis du altså tilllader fluen at "flytte ind" i dig. Så vil du sanse og føle oplevelsen i bevidstheden. Som var du fluen selv: "Jeg er alt dette"!
Naturen er så stor, og den kan få én til at føle sig meget ydmyg og lille"...

(Citat: Tania Viit)

Sådan er det på en måde også, at give sig hen til haiku-digtets form og struktur.

Digtet vil, at du glemmer dig selv, for siden at genfinde noget nyt i rummet, som åbner i dig – naturen, tanken, følelsen og oplevelsen med bevidstheden.

God fornøjelse!

Om forfatteren

Tania Viit, Født: 1969, Kbh.
Er singer/songwriter, solist og performer, uddannet fra
Det Jydske Musikkonservatorium. Har udgivet CD´en, "Isbrud", 2013 på
Target Distribution, og EP´en, "Mysterier og Mirakler", 1999 i eget navn.
Har medvirket som solist på Cd´en: "De Største er De Små" –
Sange til Anker, ArtPeople 2007.

Arbejder pt. med cross-over projekter indenfor musik, lyrik,
kortprosa og manuskriptskrivning.

Forlag: BoD – København, Danmark
Fremstilling: BoD – Norderstedt, Tyskland

ISBN 978-87-7145-837-4